Début d'une série de documents
en couleur

REVUE

ARCHÉOLOGIQUE

PUBLIÉE SOUS LA DIRECTION

DE MM.

ALEX. BERTRAND ET G. PERROT

MEMBRES DE L'INSTITUT

PARIS

ERNEST LEROUX, ÉDITEUR

28, RUE BONAPARTE, 28

1891

Tous droits réservés

(5)

N. B. — Tout ce qui est relatif à la rédaction doit être adressé à M. Alexandre Bertrand, de l'Institut, au Musée de Saint-Germain-en-Laye (Seine-et-Oise), ou à M. G. Perrot, de l'Institut, rue d'Ulm, 45, à Paris.

Les livres dont on désire qu'il soit rendu compte devront être déposés au bureau de la *Revue*, 28, rue Bonaparte, à Paris.

L'administration et le Bureau de la *REVUE ARCHÉOLOGIQUE* sont à la Librairie Ernest Leroux, 28, rue Bonaparte, Paris.

CONDITIONS DE L'ABONNEMENT

La *Revue Archéologique* paraît par fascicules mensuels de 64 à 80 pages grand in-8, qui forment à la fin de l'année deux volumes ornés de 24 planches et de nombreuses gravures intercalées dans le texte.

PRIX :

Pour Paris, Un an............. 30 fr.		Pour les départements. Un an.. 32 fr.
Un numéro mensuel............. 3 fr.		Pour l'Étranger. Un an....... 33 fr.

On s'abonne également chez tous les libraires des Départements et de l'Etranger.

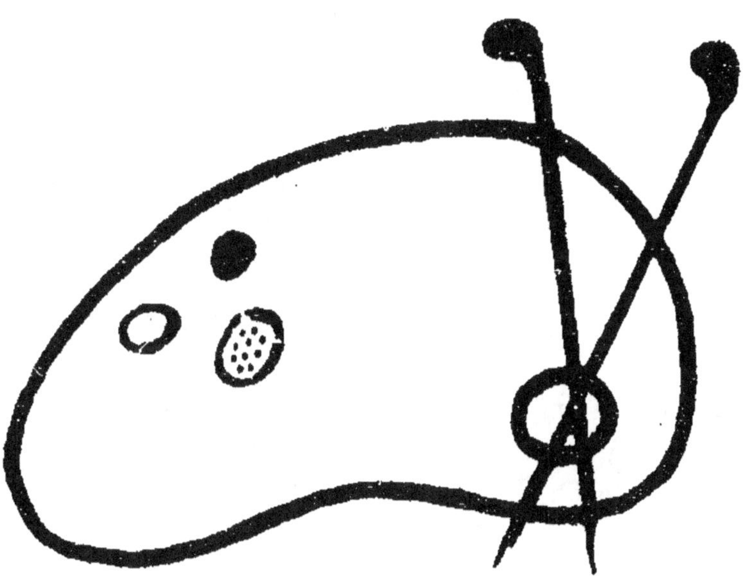

Fin d'une série de documents
en couleur

NOTES

MOSAÏQUES CHRÉTIENNES DE L'ITALIE[1]

IX

LES MOSAÏQUES DE SIPONTE, DE CAYOUE, DE VERCEIL, D'OLONA, ET D'ALBENGA

LA MOSAÏQUE DE SIPONTE (Vᵉ siècle).

La Vie de saint Laurent, évêque de Siponte, contient un passage des plus intéressants relatif à l'envoi d'artistes grecs en Italie vers la fin du Vᵉ siècle, passage qui nous fait, en outre, connaître l'existence, à Siponte, d'une mosaïque à fond d'or. Ce passage, quoique signalé par Muratori, dans ses *Antiquitates Italicae medii aevi*[2], a échappé à la plupart des archéologues. Aussi croyons-nous utile de le reproduire ici en entier, d'après le texte qui en a été donné par les Bollandistes[3].

Quelques mots d'introduction sont nécessaires pour l'intelligence du document. Il y est dit que saint Laurent fut nommé évêque, Zénon étant empereur, et Gélase pape. Cette mention, comme l'ont déjà fait remarquer les Bollandistes[4], contient une inexactitude, car Zénon mourut en 491 et Gélase ne ceignit la tiare qu'en 492; mais cela importe peu à la conclusion que nous avons à en tirer. En effet, saint Laurent étant qualifié de parent

---

1. Voir la *Revue archéologique*, septembre 1874, octobre et novembre 1875, décembre 1876, janvier et septembre 1877, juin et novembre 1878, août 1879, septembre 1882, janvier et février 1883, janvier 1884.
2. *Dissertation XXIV*, éd. de Milan, 1723-1751.
3. *Acta Sanctorum*, ad VIII februarii, p. 58.
4. *Op. cit.*, p. 57, en note.

de l'empereur Zénon, c'est au règne de ce dernier (474-491) que nous devons rapporter l'exécution des travaux pour lesquels le monarque grec fournit à l'évêque des matériaux et des artistes. Quant à la « Vie » elle-même, extraite d'un manuscrit appartenant aux chanoines de Sipontum-Manfredonia, la rédaction en est antérieure à la destruction de cette ville, que l'on place généralement au IXe siècle. Elle mérite donc toute créance.

Voici le passage auquel nous avons fait allusion : « Cum autem initiatum pulcherrimum opus praedictorum martyrum ecclesiae (saint Étienne et sainte Agathe) juxta praefatum littus Adriatici sinus, pulchriori et elegantiori opere consummare, et aliam ad honorem B. Joannis Baptistae juxta ipsius civitatis matricem ecclesiam construere disponeret, suas sacras litteras ad praedictum imperatorem transmisit, praesumens non modicum de copula sanguinis, qua sibi erat conjunctus; rogando quatenus doctissimos artifices ei transmittere dignaretur, qui in fabricae artis peritia ab omnibus possent approbari. Imperator vero sancti viri litteras gratanter suscipiens, peritissimos in arte ipsâ opifices sancto Dei transmittere tam devote quam libenter curavit; deferentes secum auri purissimi centum quinquaginta libras, quas ipse imperator devotissime transmisit ad perficiendum et mirifico opere consummandum praedictarum ecclesiarum inceptum et dispositum opus... Revertentibus autem nuntiis sancti viri cum artificibus et devoto munere ab imperatore transmissis, statim praedictorum martyrum basilicae inceptum opus pretioso et mirifico opere consummavit, et aliam quam disposuit incipiens, praeclara et admiranda speciositate, diversis coloribus, minutisque vitreis lapidibus fulvo auro supertectis, opere mausoleo [1], prope memoratam ecclesiam sui episcopatus, ad honorem B. Joannis Baptistae fabricare et consummare studuit. »

____

1. Les Bollandistes se sont trompés en traduisant « mausoleum opus » par ouvrage magnifique, dans le genre de celui qu'Artémise avait élevé à Mausole. Le *Glossaire* de Ducange, qui a relevé leur erreur, a montré que ce terme voulait tout simplement dire mosaïque. (*Glossarium*, éd. Henschel, au mot « musivum opus »).

LES MOSAÏQUES DE SAN PRISCO, PRÈS DE CAPOUE

Aucun des historiens spéciaux de la mosaïque ne s'est, jusqu'ici, occupé d'une composition importante datant des premiers siècles du christianisme, qui existait encore, il y a une centaine d'années, aux portes de la ville de Capoue, dans l'église de San Prisco. Seuls, le P. Garrucci[1] et M. Salazaro[2] lui ont consacré quelques lignes dans leurs grands recueils iconographiques. Cette composition était à la fois remarquable par son antiquité et par son contenu; aussi comprend-on les regrets que le plus célèbre des archéologues napolitains du siècle dernier, Mazzocchi, éprouva en apprenant qu'on allait détruire un monument si précieux. Sa lettre mérite d'être reproduite ici comme une protestation éloquente contre des actes de vandalisme qui se sont répétés jusqu'à une époque voisine de la nôtre : « Così ammalato, e con dolori, come mi trovo, mi piglio l'ardire di supplicare V. S. Illma a non far ledere in parte veruna i musaici della chiesa di S. Prisco, i quali vagliono tanto, quanto cento altre chiese di gusto moderno. Questi musaici di S. Prisco sono stati la scuola, in cui han profittato mille uomini eruditissimi oltramontani, che ne fanno la spiega. Non fate dire, che questo secolo, il quale in tutti i luoghi fa infinita stima di ogni resto di antichità, ed in particolare de' musaici sacri, solo costì sia reso barbaro, inumano, e di genio gotico. Io per la vecchiaja, senza dir altro, ho dritto di avvertere cotesti malinclinati genj Santopriscani. Tocca a voi, che vi tengo per Pater Patriae, di drizzarli, perchè nel rinnovar la chiesa, tentino tutto altro, fuor che violare i musaici... Napoli, 4 ottobre 1762[3]. »

1. *Storia dell' Arte cristiana*, t. IV, p. 64-66; pl. CCLIV-CCLVII.
2. *Monumenti dell' Italia meridionale*, t. I, p. 47-48.
3. Natale, *Considerazioni sopra gli Atti di S. Matrona*; Naples, 1775, p. 34. D'après cette lettre, la destruction de la mosaïque n'avait pas encore eu lieu en 1762. Cependant, dans l'ouvrage même auquel nous l'empruntons, les *Considerazioni*, il est dit, p. 33, que cette destruction remonte à l'année 1759. Je ne sais comment concilier les deux affirmations.

Avant de rechercher à quelle époque ont pu être exécutées les mosaïques de San Prisco, il est nécessaire de les décrire minutieusement, car cette description nous fournira plusieurs données propres à en fixer la date.

Les parties de l'église qui étaient ornées d'incrustations étaient : la coupole précédant l'abside, puis la *concha* même de l'abside, disposition qui rappelle celle que l'on voit aujourd'hui encore dans la petite basilique de Fausta (attenant à la basilique de Saint-Ambroise), à Milan. Cette dernière à la vérité n'a conservé que la décoration de sa coupole et de ses parois latérales, mais tout nous autorise à croire que la tribune n'était pas dépourvue des ornements prodigués dans le reste de l'édifice.

La *concha* était ornée de douze figures principales divisées en quatre groupes et portant des couronnes ressemblant à des pains, dans la gravure du moins. Deux de ces groupes occupaient la gauche, deux la droite, de telle sorte que les personnages regardaient tous vers le centre. C'étaient, au milieu, à droite, saint Pierre, saint Laurent, saint Paul, puis saint Cyprien, saint Soricus et saint Timothée ; à gauche, saint Priscus, saint Lupulus et saint Sinotus, puis saint Rufus, saint Marcellus et saint Augustin. L'intervalle entre saint Pierre et saint Priscus était occupé, dans sa partie inférieure, par deux saints, dont les têtes arrivaient à peine à la hauteur des hanches de leurs compagnons ; une inscription les désignait comme étant saint Quartus et saint Quintus ; ils tenaient également des couronnes[1]. Aux deux extrémités on apercevait, à droite, sainte Agnès ; à gauche sainte Félicité ; elles faisaient presque face au spectateur. Aucune de ces figures n'était nimbée, aucune n'avait d'attributs visibles. Leur costume se composait, pour les hommes, de toges, et leur chaussure de sandales [2].

---

1. Le P. Garrucci est disposé à croire que les S. qui précédaient le nom de chaque saint sont dus au dessinateur employé par Monaco.

2. Michel Monaco, *Sanctuarium Capuanum;* Naples, 1630 in-8 ; « De sanctis qui habent imagines in ecclesia Sancti Prisci. In ecclesia S. Prisci Capuanae diocesis extat pars antiquae basilicae, quam sancta Matrona in

Même à travers la mauvaise gravure sur bois de Monaco, on devine que la composition avait du mouvement, de l'allure; les groupes, formés par trois personnages, dont l'un, celui du milieu, se trouvait au second plan, ne laissaient pas que de présenter un arrangement pittoresque; l'alignement inflexible du temps de Pascal Ier n'avait pas encore prévalu.

Dans la partie supérieure de la *concha* était représentée une colombe; elle planait en quelque sorte au-dessus de quatre *volumens* renfermant chacun le nom d'un évangéliste. Une guirlande de fleurs et de fruits séparait cette zone de celle dans laquelle figuraient les seize saints que nous avons énumérés [1].

COUPOLE. Elle se composait de plusieurs cercles concentriques, dont chacun était divisé en seize compartiments par des rayons partant de la circonférence du cercle inférieur. Ces compartiments avaient été alternativement peints et incrustés, mais, longtemps avant la démolition, on ne pouvait plus distinguer le sujet des peintures (« imagines in coloribus propter antiquitatem agnosci non possunt »). Une belle guirlande de feuilles et de fruits se déroulait à la base de la coupole et encadrait ainsi

honorem sancti Petri construxerat. Est opus rotundum, testudinatum ; tribuna vetus appellatur. Habet illa tribuna hemicyclum in fronte (seu dicamus absidem) in quo sexdecim ex opere tesselato sunt sanctorum imagines. In medio hemicyclo a dextris aspicitur sanctus Petrus, et a sinistris sanctus Priscus. Spatium subtus brachia sanctorum Petri et Prisci duas habet imagines, breviores tamen, cum inscriptione : Sanctus Quartus et Quintus. Plane S. Agnes et S. Felicitas altera contra alteram recto sunt vultu, et coronam habent in manibus; sancti autem pallio superinducti, obliquo vultu, et quasi in coelum erecto, utraque manu coronas extollunt. Terni conspiciuntur suntque conjuncti Petrus, Laurentius et Paulus. Senes repraesentantur Petrus, Paulus, Cyprianus, Timotheus, Priscus, Sinotus, Rufus, et Augustinus ; juvenes Laurentius atque Susius, viri Lupulus et Marcellus : adolescentuli Quartus et Quintus. » (*Sanctuarium Capuanum*, p. 132.)

1. Dans la gravure de Monaco, on aperçoit parfaitement les *volumens*. Dans la description de Granata, au contraire (*Storia sacra della chiesa metropolitana di Capua* ; Naples, 1766 ; 2ᵉ partie, p. 69), il n'en est pas fait mention. Cet auteur dit simplement : « Alla relazione di Michele Monaco, si deve aggiungere che sopra le teste de' descritti santi, contenute in tal semicircolo, e propriamente ... sotto una columba, lavorata anche a mosaico, coll' ali distese, si leggevano i nomi de' quatro evangelisti in giusta distanza tra loro, in questa guisa : Matthaeus, Marcus, Lucas, Johannes. »

la composition entière. Deux génies nus, non ailés, couraient le long de cette guirlande dont l'arrangement était empreint d'un souffle tout antique. Le cercle extérieur renfermait, dans chacun des huit compartiments incrustés de mosaïques, deux saints assis l'un en face de l'autre et tenant une couronne; leurs gestes offraient une grande variété.

Voici, d'après Monaco, les noms de ces seize saints : I, S. Priscus, S. Félix; II, S. Lupulus, S. Rufus; III, S. Augustinus, S. Marcellus; IV, S. Hippolitus, S. Canio; V, S. Xistus, S. Cyprianus; VI, S. Festus, S. Desiderius; VII, S. Eutices, S. Sosius; VIII, S. Arlimas, S. Alfinus (ou Aefinus?).

Ainsi que Mᵍʳ Graneta l'a fait remarquer, six de ces saints sont des martyrs de Capoue, six autres des martyrs de la Campanie, les quatre derniers enfin des martyrs étrangers.

Deuxième cercle. — Les compartiments en mosaïque correspondaient aux compartiments peints du cercle précédent et cette alternance se répétait pour les autres cercles qui nous restent à étudier. Chaque compartiment contenait un apôtre et un prophète, tous deux debout, tournés l'un contre l'autre, et portant dans leurs mains leur couronne. C'étaient : I, Naum, Thomas; II, Sophonias, Jacobus; III, Zacharias, Judas Jacobi; IV, Esaias, Mattheus; V, Ezéchiel, Lucas; VI, Osée, Petrus; VII, Micheas, Jacobus; VIII, Abdias, Philippus.

Troisième cercle. — Dans les compartiments en mosaïque on apercevait deux colombes affrontées en face d'un vase.

Quatrième cercle. — Une rosace, d'un caractère peu défini, ornait chacun des huit compartiments.

Cercle intérieur. — Une guirlande de feuilles encadrait ce cercle (d'un dessin très confus dans la gravure), parsemé de quelques étoiles.

La fixation de l'âge de ces intéressantes compositions, d'une originalité si grande, ne laisse pas que de présenter les plus graves difficultés. L'origine de l'édifice qu'elles décoraient est loin d'être établie. D'après une inscription en caractères lombards rapportée par les auteurs ci-dessus cités, il aurait été construit sous le règne de l'empereur Zénon et le pontificat de du pape Gélase, « indictione XIV », c'est-à-dire en 506. Mais Natale déjà a fait remarquer que cette date était fausse, puisque Zénon et Gélase n'ont pas été contemporains ; il en révoque en doute l'authenticité pour d'autres raisons encore [1]. Des inscriptions funéraires, donnant lieu à moins de doutes, et prouvant que dès l'année 376 on enterrait dans cet endroit (376, 391, 393, etc.) tendraient à faire croire que la construction de l'église remonte à une antiquité plus haute (selon Natale [1], à la fin du IVe siècle). Les renseignements qui nous sont parvenus sur les fondateurs de l'église Sainte-Matrone, et même sur l'époque à laquelle vivait saint Priscus, étant contradictoires, il faut recourir aux données que nous fournit la mosaïque. Son style, autant qu'on en peut juger par les gravures si insuffisantes de Monaco, prédispose plutôt en faveur de l'opinion de Natale [2]. D'après le P. Garrucci, l'église aurait été commencée sous Zénon, mort en 491, et consacrée en 506, sous l'empereur Anastase et le pape Symmaque : cette solution supprimerait la difficulté chronologique [3].

Je laisse de côté le principal des arguments de ce savant, l'absence de nimbes ; il ne prouve rien du tout, car au VIe siècle encore, dans l'église de SS. Cosme et Damien, à Rome, nous rencontrons des apôtres et des saints privés de cet attribut, et même en plein moyen âge dans la mosaïque de Saint-Clément, également à Rome.

Ce qui offre plus d'importance, c'est l'originalité de la composition, et, à certains points de vue, l'incertitude, les tâtonnements de l'artiste. Celui-ci n'a pas encore le choix parmi une série de représentations consacrées, épurées par une longue tradition ; aussi la netteté du groupement et le souci des lois de la décoration font-ils encore défaut. Rien n'est moins conforme aux habitudes des artistes du VIe au IXe siècle que de figurer dans

1. *Considerazioni sopra gli Atti di S. Matrona*, p. 16, 17.
2. *Op. laud.*, p. 35.
3. *Op. laud.*, t. IV, p. 64.

l'abside certains personnages de profil et d'autres, tels que sainte Agnès et sainte Félicité, de face. Un tel besoin de vie, de mouvement, de variété, serait un anachronisme si l'on plaçait l'exécution de la mosaïque à une époque trop rapprochée de l'an mil.

On constate partout des réminiscences palpables de l'art classique, qui ne peuvent s'expliquer que par une antiquité relative : la liberté des attitudes, la beauté des guirlandes, cette division en petits compartiments, analogues dans une certaine mesure à ceux du mausolée de Sainte-Constance, près de Rome. C'en est déjà fait du symbolisme qui caractérise les débuts de l'art chrétien, jusqu'au iv° siècle inclusivement ; mais les artistes ne se sont pas encore élevés à ces grandes apothéoses historiques qui sont l'honneur des écoles de Rome et de Ravenne et qui nous montrent le Christ dans toute sa gloire, entouré de ses apôtres ou des saints les plus populaires. Comme dans la basilique de San Satiro, à Milan, nous avons devant nous, outre quelques personnages connus, des saints d'un caractère tout à fait local.

La juxtaposition des figures de l'Ancien et du Nouveau Testament me paraît aussi un argument en faveur de l'antiquité de la composition : elle était bien plus fréquente au iv° siècle et au v° qu'au vi° siècle et surtout qu'à l'époque carlovingienne. En fait de prophètes, on ne représentait plus, à partir d'un certain moment, que ceux qui avaient prédit la venue du Christ.

Vu l'incertitude qui règne au sujet des *volumens* contenant les noms des évangélistes (substitués ici aux animaux évangéliques), je crois qu'il est bon de ne pas les faire entrer en ligne de compte. Contentons-nous de noter cette variante (que l'on rencontre également dans les peintures des catacombes de Naples) sans en tirer aucune conclusion.

L'église de San Prisco renfermait d'autres mosaïques encore, sur lesquelles les auteurs précités ne nous ont malheureusement fourni que des renseignements fort imparfaits. Sur la gravure en bois de Monaco [1] représentant « sacellum et sepulchrum Sanctae

---

1. Monaco, *op. laud.*, p. 131.

Matronae in ecclesia Sancti Prisci », on voit une composition dont le haut est arrondi et dont le sommet est occupé par une croix gemmée. Au-dessous de la croix, coulent les quatre fleuves du Paradis, vers lesquels s'avancent douze colombes, six à droite, six à gauche, placées sur deux rangs. Plus bas, trône le Christ nimbé, bénissant, ayant à sa droite : S. PRISCVS, qui tient d'une main la crosse; de l'autre, la mitre ; à sa gauche : S. OFIOROSIVS (?), avec les mêmes attributs que saint Priscus. Chacun de ces deux saints personnages est accompagné d'un ange voltigeant près d'eux.

Dans un autre ouvrage de Monaco on trouve le passage suivant qui se rapporte à la même mosaïque[1] : « Vide in pictura tesselata columbas duodecim adstantes cruci, et nosce figuram apostolorum. At vero columbae aliquando pingebantur insistentes cruci, etc. » Si ce motif des colombes s'avançant vers la croix peut revendiquer une antiquité assez haute, la présence, dans les mains de saint Priscus et de son compagnon, de la mitre et de la crosse prouve, au contraire, combien cette composition est relativement moderne.

La basilique de San Prisco renferme, en outre, une chapelle consacrée à Santa Matrona, dont les mosaïques, signalées par Salazaro, décrites et reproduites par le P. Garrucci, n'ont été mentionnées ni par Monaco ni par Gravina. Une première mosaïque, qui orne la voûte de l'édicule, se compose de vases, de rinceaux, au milieu desquels perchent des oiseaux, et enfin de quatre palmiers, partant des quatre retombées de la voûte[2]. Cette

1. *Recognitio sanctuarii Capuani;* Naples, 1637, p. 13.
2. La description de Salazaro, dont le témoignage, comme on sait, est toujours sujet à caution, diffère singulièrement de celle du P. Garrucci, ainsi que des gravures publiées par le savant jésuite : « Del centro della stessa volta partono quattro raggi che incontrano i quattro angoli del piccolo santuario e che formano, nel resto dello spazio, altrettanti emicicli, in due dei quali si conservano ancora le primitive rappresentazioni. In quello a destra si vede in mezzo un vaso cenerario in parte coperto da un pannolino bianco con frangia dorata. Ai lati sono due grandiose giovenche alate, come simbolo della Campania felice in cui appunto era Capua, ed in alto effigiato lo Spirito Santo nella

composition, d'un fort bon style, rappelle dans une certaine mesure les mosaïques de l'oratoire de Saint-Jean au baptistère de Latran et celles de l'église de Saint-Vital à Ravenne.

Trois des lunettes de cette chapelle sont également ornées de mosaïques. Nous y voyons un médaillon du Christ se détachant sur un fond de pampres, puis, dans un second compartiment, l'ange de saint Mathieu, et enfin dans le troisième, à gauche, le bœuf de saint Luc, représenté à mi-corps, sortant des nuages ; au milieu un trône gemmé, avec le monogramme ☧ ; puis au-dessus une colombe aux ailes éployées ; et enfin, à droite, l'aigle de saint Jean, également à mi-corps.

MOSAÏQUE DE LA CATHÉDRALE DE SANTA MARIA DI CAPUA
(Vᵉ SIÈCLE.)

Capoue-la-Vieille (Santa Maria di Capua) possédait, au siècle dernier encore, une mosaïque[1] non moins inconnue que celle de San Prisco. L'exécution en remontait, selon un savant napolitain des plus autorisées, Mazzocchi[2], à un contemporain de saint Paulin de Nole, à Symmaque, évêque de la ville en question. Cette circonstance résultait, d'après Mazzocchi, de l'inscription suivante, tracée en caractères gigantesques au sommet de la mosaïque :

SANCTAE MARIAE SYMMACHVS EPISCOPVS,

ainsi que de la beauté des figures, offrant une grande analogie

forma tradizionale di colomba. Nell' altro emiciclo è un mezza figura del Salvatore in atto di benedire. In ogni angolo della volta partono da un vase due rami di vite, in uno delle quali è un uccello che becca su d'un grappolo d'uva. In tutto questo prezioso avanzo, d'una più grande opera, si osserva un fare grandioso con sentimento puro e sensito in ogni singola sua parte. » (*Studj sui monumenti dell' Italia meridionale*).

1. J'ai décrit, dans mes *Études iconographiques et archéologiques sur le moyen âge* (Paris, Leroux ; 1887, p. 48, 153), le pavement de la cathédrale de Padoue et renvoie le lecteur à ce volume pour de plus amples détails.

2. *Commentarii in marmoreum Neap. Kalendarium*, t. III, p. 705-786. Naples, 1755.

avec celles de la basilique de Sainte-Marie Majeure, à Rome, exécutées au v⁰ siècle, sous le pape Sixte **III**.

La mosaïque exécutée sous les auspices de Symmaque décorait l'abside de l'antique cathédrale de Capoue; elle représentait, au centre, la Vierge tenant sur son sein l'Enfant Jésus; des ornements pleins d'élégance, que Mazzocchi s'abstient malheureusement de décrire, remplissaient le reste de la voûte. L'ensemble fut détruit en 1754, à l'occasion de réparations.

Je reproduis ci-dessous le passage de Mazzocchi relatif à cet insigne monument de l'art chrétien primitif. Bien d'autres détails doivent être contenus dans les notes manuscrites de ce savant, car il parle d'un sien « opusculum » conservé parmi ses notes et traitant de la cathédrale de Capoue. Mais je les ai en vain cherchées à Naples : ni la Bibliothèque nationale, ni la Brancaccienne ne les possèdent : « At vero Symmachus hic Capuae episcopus fuit : cujus festum in antiquo Capuanae ecclesiae kalendario apud Mich. Monachum in Sanctuario Capuano in diem xxii octobris incidebat, quo die hodiedum Symmachus is apud veterem Capuam situ primae classis uti patronus colitur. Nam ibi ejus corpus asservari (adhuc irrepertum tamen) in perillustri collegiale basilica S. Mariae (quae et oppido nomen S. Mariae indidit) vetus ejus diei oratio innuit. Quam dixi veterem basilicam eam antiquam ecclesiae Capuanae cathedralem fuisse, in quodam inter meas schedas opusculo ostensum a me fuit. Ea autem pervetusta ecclesia a S. Symmacho a fundamentis primum exstructa videtur; postea vero forsitan in eam, quae nunc est miram amplitudinem redacta fuit. Certe, si nihil aliud, pulcherrimum et[1] perantiquum musivum opus, quod usque ad annum[2] superiorem in apside basilicae conspiciebatur, hunc

---

1. « Musivum quod dixi, totam basilicae apsidem occupabat, in cujus medio S. Maria puerum Jesum in sinu gerens exhibebatur; cetera vero non inelegantibus ornamentis pro quinti saeculi captu distincta cernebantur usque ad extremum fornicem, quem occupabat inscriptio, de quâ mox. »

2. « Usque ad proxime superiorem annum id opus musivum, praecipuum ejus basilicae ornamentum, perduravit. Quo demum anno ejusdem basilicae aeditui, ut ecclesiam in recentem formam exornarent, monumentum illud pessimo prorsus consilio dirui fecerunt. »

S. Symmachum auctorem habuit. In ejus enim musivi extremo fornice litteris plane cubitalibus legebatur :

SANCTAE MARIAE SVMMACHVS EPISCOPVS [1]

Fortasse dixeris, non liquere, hunc Symmachum musivi auctorem, eumdem fuisse illum, qui Paulino morienti adstitit. At musivi illius operis praestantia et mira (ut illis temporibus) pulchritudo plane eadem erat, atque illa quae in musivis romanae basilicæ S. Mariae Majoris conspicitur. Itaque nihil compertius afferre mihi videbar (quod in eod. opusculo demonstravi) quam factum id musivum fuisse paullo post aedem S. Mariae a Sixto III musivis exornatam ; cujus musiva opera a Franc. Blanchino illustrata fuerunt. Quum ergo S. Sixtus ab anno 432 sedere coeperit, paullo post illud tempus Symmachus capuanus, exemplo S. Sixti permotus, aedem S. Mariae primus Capuae excitavit, eidemque Deiparae nobilissimum musivum opus construi jussit. Ita S. Symmachi hujus tempora in S. Paulini aetatem pulchre incidunt; quam diu autem Paulino superstes fuerit ignoramus [2] .»

MOSAÏQUE DE LA CATHÉDRALE DE CAPOUE

(Mosaïque du xii° siècle, faussement attribuée au ix°.)

Sur la foi de Ciampini, on avait jusqu'ici classé parmi les productions du ix° au x° siècle la mosaïque de la cathédrale de Capoue que ce savant a publiée et décrite dans le second vol. de ses *Vetera Monimenta* (p. 165-169, pl. LIV).

L'inscription de cette mosaïque était ainsi conçue :

CONDIDIT HANC AVLAM LANDVLFVS ET OTO BEAVIT
MOENIA RES MOREM VITREVM DEDIT VGO DECOREM.

1. « Mich. Monachus in suo *Sanctuario* sic exhibuit : SANCTA MARIA (recto casu) SVMMACHVS EPISCOPVS, nullo prorsus intellectu. At postea dandi casu *Sanctae Mariae* in musivo exhiberi animadvertens, antedicta in *Recognitione* sui *Sanctuarii* recantavit. »

2. Mazzocchi, *Commentarii in marmoreum Neapol. Kalendarium*, t. III. Naples, 1755, p. 705-706.

L'erreur du savant antiquaire romain vient de ce que l'on ignorait de son temps l'époque à laquelle avait vécu l'archevêque Hugo, l'auteur du « vitreus decor » de la cathédrale. Nous savons aujourd'hui que ce prélat fit exécuter le travail en question en 1130 [1], c'est-à-dire à une date de deux siècles au moins postérieure à celle que l'on avait jusqu'ici adoptée.

Un recueil de la Bibliothèque du Vatican (fonds latin, n° 9063) renferme les lettres adressées à Ciampini par d. Erasme Gatolla, bibliothécaire du Mont-Cassin, au sujet de la gravure de la mosaïque capouane, seule reproduction qui nous reste de cet ouvrage intéressant, détruit en 1720 [1]. Ces lettres (n°ˢ 264 et s. du recueil cité) ne laissent aucun doute sur l'exactitude de la gravure : « 1697, 1ᵉʳ juillet. Gli mando il designo delli mosaici, che sono nella catedrale di Capua, quali sono fatti avanti il millesimo, e ne' tratta di queste figure l'Ughello nel sesto tomo nell' arcivescori di Capua, Michele Monaco canonico capuano nel suo *Santuario Capuano*, et il **P.** Mabillon nel suo *Viagio d'Italia* » [2], etc.

MOSAIQUE D'AMALASONTE (Vᵉ SIÈCLE).

Dans les fragments de Cassiodore publiés par M. Baudi de Vesme, on trouve la mention d'une mosaïque exécutée par ordre de la reine Amalasonte (535) : « Fecisti quoque, domina, palatium, quod te etiam ignotis evidenter ostenderet; quando et ingenti habitaculo residentis colligitur magnitudo. Renidet crusta marmorum concolor gemmis, sparsum aurum fulget in... s rotatas saxo... musivi minora describunt; et totum metallicis coloribus... ubi cer... a... ran... ur [3]. »

Nous n'avons pas de renseignements sur le lieu où se trouvait cet ouvrage et les lacunes du manuscrit publié par M. Baudi de

<hr>

1. G. Jannelli, *Sacra Guida ovvero Descrizione storico-artistica-letteraria della chiesa cattedrale di Capua*; Naples, 1858, p. 18-19.
2. Jannelli, *loc. cit.*
3. *Mémoires de l'Académie de Turin*, 2ᵉ série, t. VIII, 1846, p. 192.

Vesme ne nous permettent pas de l'étudier dans ses détails. Mais le passage de Cassiodore nous apprend ce qu'il nous importait le plus de savoir, c'est qu'Amalasonte n'avait pas abandonné les traditions du grand Théodoric, un des protecteurs les plus éclairés de l'art dont nous écrivons l'histoire.

MOSAÏQUE DE LA CATHÉDRALE DE VERCEIL.

L'évêque Flavien, ayant restauré l'église de Saint-Eusèbe, à Verceil, entre 530 et 542, fit orner la voûte de l'abside d'une mosaïque représentant saint Eusèbe agenouillé devant un crucifix de forme grecque et l'évêque saint Limenius, successeur de saint Eusèbe : « (il mosaïco in cui) era espressa l'immagine di S. Eusebio posto con le ginocchia piegate a terra avanti di un crocifisso formato alla greca ; si vedeva ancor l'immagine di S. Limenio vescovo, successore del medesimo S. Eusebio [1]. » Corbellini en donne une description analogue : (Saint Flavien) « fece ristorare le chiese rovinate, et la capella dov'era il corpo di S. Eusebio il martire fabricò di pietre smaltate di diversi colori alla mosaïca, colle figure di S. Eusebio e di S. Limenio e la sua inginocchiata inanti al crocifisso fatto alla greca [2]. »

Cette mosaïque fut détruite en 1572, en même temps que le chœur de la cathédrale.

L'inscription tracée au-dessous des figures s'était conservée jusqu'au siècle dernier dans un manuscrit du chanoine Modena, que le savant Ranza se proposait de publier : on en a aujourd'hui perdu toute trace. On sait seulement que les mots « metalla, vernantibus figuris, laminis, auro, argento, flumina » s'y trouvaient. Aussi le R. P. Bruzza a-t-il conjecturé avec beaucoup de raison que cette inscription était métrique et qu'elle faisait allusion aux marbres, aux feuilles d'or et d'argent, avec lesquels l'évêque Flavien avait orné le tombeau de saint Eusèbe ;

---

1. Cusano, *Disc. histor.*, p. 87.
2. *Vite de' vescovi di Vercelli*; Milan, 1643, p. 22.

il croit que le mot de « flumina » se rapportait aux fleuves de Paradis, qui sortaient probablement d'un monticule sur lequel était dressée une croix gemmée; cette dernière hypothèse semblait au savant barnabite plus vraisemblable que celle d'un crucifix[1].

L'évêque Flavien fit, en outre, exécuter dans la coupole de la cathédrale des peintures dont on trouve une copie dans un long rouleau de parchemin conservé dans les archives capitulaires de Verceil, rouleau antérieur à l'an mil, d'après M. Gazzera[2]. Dans cette copie, chaque peinture (des scènes de la vie des apôtres) est accompagnée de deux vers léonins lui servant de commentaire et ajoutés après coup.

M. Gazzera, dans son travail sur les inscriptions chrétiennes du Piémont, a publié plusieurs de ces reproductions qui sont d'une exécution vraiment grossière et ne donnent qu'une idée approximative des originaux[3].

Je dois cependant ajouter que la composition, autant qu'on peut la deviner dans ces dessins informes, ne ressemble guère à celle des ouvrages du vie siècle. Aussi serais-je d'avis d'attendre, pour assigner une date à ces ouvrages, que l'on ait produit des témoignages plus concluants.

MOSAÏQUE DE L'ÉGLISE D'OLONA (VIIIe SIÈCLE).

Le roi Luitprand (712-744) fit exécuter des mosaïques dans l'église d'Olona dédiée à saint Anastase[4] : C'est ce qui résulte d'une inscription du manuscrit Palatin combiné avec un passage de Paul Diacre. Voici d'abord l'inscription rapportée dans le

1. Bruzza, *Iscrizioni antiche Vercellesi*; Rome, 1874, p. 341-342.
2. Gazzera, *Delle Iscrizioni cristiane antiche del Piemonte*; Turin, 1849, p. 108. Extr. des *Mémoires de l'Académie de Turin*, 2e série, t. XI, p. 112.
3. Pl. V, VI, VII.
4. D'après les *Antichità longobardico-milanesi* (t. I, p. 68, Milan, 1792), cette ville est identique à Cortelona.

manuscrit Palatin : « In Eccl. B. Anastasii quam construxit Leutbrandus rex. In Italia :

> Ecce domus Domini perpulcro condita textu
> Emicat et vario fulget distincta metallo,
> Marmora cui pretiosa dedit museumque columnas
> Roma, caput fidei, illustrant quam lumina mundi.
> Euge auctor sacri princeps Leutbrande laboris.
> Te tua felicem clamabunt acta per ævum
> Qui propriae gentis cupiens ornare triumphos
> His titulis patriam signasti denique totam [1].

Paul Diacre de son côté s'exprime comme suit : « (Rex Luitprandus) in Olonna nihilominus suo prohastio miro opere in honorem sancti Anastasii martyris, Christo domicilium statuit in quo et monasterium fecit [2]. »

D'après Furietti, l'édification de cette église aurait eu lieu en 725 [3].

MOSAÏQUE DU BAPTISTÈRE D'ALBENGA (DATE INCERTAINE).

Le baptistère d'Albenga, en Ligurie, renferme, dans une niche, des mosaïques appartenant, affirme-t-on, à l'art chrétien primitif et qui représentent, dans la partie supérieure, des étoiles et des oiseaux sur un fond bleu ; dans la partie inférieure, des brebis. On y remarque, en outre, quelques lettres romaines, vestiges de l'ancienne inscription. La date de cet ouvrage est inconnue, la conservation en est fort défectueuse. L'*Universal Art Inventory* qui l'a signalé, d'après le guide de Murray et d'après les notes de H. Cole, l'ancien directeur du Musée de South-Kensington, nous apprend qu'il est composé de cubes d'émail bleus, jaunes, rouges, ainsi que de fragments de pierre [4]

---

1. Gruter, *Corpus*, p. 1168, n° 8 ; éd. de 1616.
2. *De gestis Longob.*, lib. VI, cap. LVIII. Dans Muratori, *Rer. ital. Script.*, t. I, p. 510.
3. *De Musivis*, p. 81.
4. « Albenga (Italy). On the Riviera road. Baptistery formed of Roman columns and materials, with mosaics worked in an arched recess, and proba-

Ajoutons que l'édifice dont il fait partie a été construit avec des matériaux de provenance antique. D'après M. Nesbitt, il n'est guère postérieur au VIIIᵉ ou IXᵉ siècle : « Hardly later in date than the eighth or ninth century [1]. »

N'ayant pas vu ces mosaïques, je dois me borner à rapporter ici les témoignages des archéologues anglais qui ont eu l'occasion de les étudier.

E. MÜNTZ.

---

bly early christian, consisting partly ot stone, and partly of enamel-bleu, yellow, and red, representing stars and birds on a blue ground in the upper part, and below sheep. Some Romans letters of an inscription remaining. Date uncertain, condition bad, much injured by damp. » (Murray, *Guide of Italy*, 9ᵉ éd.: Ms. notes by H. Cole, *op. cit.*, p. 1.)

1. *The Archæologia*, vol. XL, p. 198.

ANGERS, IMP. A. BURDIN ET Cᵗᵒ RUE GARNIER, 4.

Original en couleur

NF Z 43-120-8